55608824R10062

Made in the USA
San Bernardino, CA
04 November 2017